Le Rat des Catacombes

A. Briotet

DEDICATION

This book is dedicated to anyone seeking to learn or to improve their knowledge of the beautiful French language.

TABLE DES MATIÈRES

REMERCIEMENTS

Merci à mon mari et ma famille de m'avoir soutenue et aidée à essayer quelque chose de nouveau. Merci à l'auteur B. Jambor, de m'avoir beaucoup aidée avec ce projet ainsi que R. Jambor pour la couverture. Merci à tous les professeurs qui m'ont inspirée avec leurs idées et leurs contributions à cette profession. Merci à mes élèves qui m'incitent à toujours mieux faire.

PROLOGUE

Il existe deux villes de Paris. La ville de Paris que tout le monde connait est appelée la « Ville Lumière». Paris est souvent appelée la Ville Lumière, grâce à son rôle important au siècle des Lumières. Le Siècle des Lumières est un mouvement intellectuel et philosophique qui a dominé le monde des idées en Europe au 18ème siècle. Plus littéralement, Paris était l'une des premières grandes villes européennes à utiliser l'éclairage public à gaz dans ses boulevards et ses monuments. Paris est célèbre aujourd'hui pour une vie nocturne pleine de lumières : la Tour Eiffel scintille la nuit, l'avenue des Champs Elysées est illuminée par ses restaurants, et les voitures éclairent la Place de l'Etoile à l'Arc de Triomphe. Il y a plus de quarante églises et cathédrales à Paris qui sont une grande source de lumière spirituelle et sont aussi connues pour leurs vitraux qui resplendissent dans la sombre architecture médiévale.

Parfois, la lumière à Paris est une source de tragédie. Le 15 avril, 2019, la cathédrale Notre-Dame de Paris a pris feu. Vers 18h30, un feu s'est déclenché et a failli provoquer la destruction totale de la cathédrale. Grâce au travail de plus de cent pompiers durant toute la nuit, la cathédrale existe toujours. Les pompiers ont pu sauver les deux tours de Notre-Dame, la façade occidentale et beaucoup d'œuvres d'art de la cathédrale. Ce feu était la plus importante tragédie que la cathédrale ait connue depuis sa construction commencée en 1163.

En dessous de la Ville Lumière se trouve un Paris souterrain qui est une ville mystérieuse, sombre, et silencieuse. Cette ville s'appelle « L'Empire de la Mort ». Lorsque vous entrez dans cette ville souterraine, il y a un panneau au-dessus de la porte qui dit : Arrête ! C'est ici l'Empire de la Mort ! Cet empire est un véritable labyrinthe de trois cents kilomètres (deux cents miles) de chemins qui tournent dans toutes les directions. Ces chemins sont construits avec des ossements de plus de six millions de

Parisiens morts. Cet empire est connu comme « les Catacombes de Paris ».

Personne aujourd'hui n'a exploré complètement les catacombes. One ne peut en visiter qu'une seule partie. Cette partie est accessible aux touristes et fait seulement 1.25 miles. Pourtant, il existe beaucoup d'entrées interdites aux catacombes partout dans la ville de Paris. Au fil des années, les habitants curieux de Paris ont trouvé des trous et des tunnels qui accèdent aux catacombes. Depuis 1955 il est interdit d'entrer par ces portes secrètes parce que c'est très dangereux. Dans les catacombes, il n'y a pas de lumière, il y a des risques d'effondrements et d'inondations, et bien sûr, on risque de s'y perdre et ne jamais retrouver la sortie.

Il est difficile pour la police d'interdire l'entrée des catacombes. En 1993, quelqu'un est entré dans les catacombes avec sa caméra et a filmé son aventure. Dans la vidéo on voit d'abord qu'il marche vite dans les tunnels. Après, il commence à courir. Il y a quelque chose qui l'inquiète. Ensuite, on se rend compte qu'il a vraiment peur. Il se met à courir encore plus vite. Il respire fort, et ne sait plus dans quelle direction aller. Soudain, il lâche la caméra. Elle tombe dans une flaque d'eau. La caméra capture l'image de ses pieds qui disparaissent dans le noir. Finalement, le film s'arrête, et personne n'a jamais su qui était cette personne avec la caméra.

Des années plus tard, des chercheurs ont retrouvé la caméra dans une partie profonde des catacombes où personne n'est autorisé à aller. Les chercheurs ont essayé de trouver qui était cet aventurier malchanceux, mais en vain.

Notre histoire se passe dans ces deux villes si différentes où se mélangent la lumière et l'obscur. Bienvenue à la Ville Lumière et à l'Empire de la Mort.

LA VILLE LUMIÈRE

Sofia regarde par la fenêtre du train. Elle est contente d'arriver enfin à la gare de Paris. Elle était partie tôt ce matin, et après un long voyage elle est soulagée d'enfin arriver. Sofia passera les deux prochaines semaines d'avril à Paris dans un programme scolaire. Elle étudiera surtout l'art et l'histoire. Elle attend ce voyage depuis longtemps parce qu'à part des cours le matin, elle sera libre d'explorer la ville chaque après-midi.

Sofia a dix-sept ans. Sa famille est d'origine marocaine, mais elle est française. Elle vient de Nice. Sofia a les yeux marron et les cheveux noirs. Elle est contente de ce voyage parce que son petit ami Tristan sera à Paris en même temps qu'elle. Il ne suivra pas les mêmes cours parce qu'il est dans un lycée professionnel de cuisine. Il sera à Paris en même temps qu'elle parce qu'il fait un stage dans un restaurant. Sofia pense à tout ce qu'elle verra : le Musée du Louvre, la Tour Eiffel, Les Champs-Elysées. Elle pense surtout à explorer la ville avec Tristan.

Sofia a rendez-vous avec Tristan au point zéro de Paris. Le point zéro de Paris, c'est le point kilométrique 0 des routes qui partent de la capitale. Ce point zéro, c'est la référence pour le calcul des distances avec les autres villes de France. Ce point se trouve directement devant la cathédrale Notre-Dame de Paris. Quand Sofia arrive elle trouve tout de suite Tristan : grand, aux cheveux blonds et aux yeux marron. Tristan habite à Nice aussi, mais comme il espère un jour habiter et travailler dans un bon restaurant à Paris, il est très content de passer du temps dans la ville lumière. Pour Sofia, Tristan est le garçon le plus généreux et diligent du monde. Ils sont contents de se voir.

« Viens, lui dit Tristan. Allons visiter la cathédrale.

- Avec plaisir ! lui répond Sofia. Penses-tu que nous verrons Quasimodo ?

- Oui, sûrement mon Esméralda », répond-t-il.

Notre-Dame est célèbre partout dans le monde grâce au roman de Victor Hugo, Notre-Dame de Paris[1]. Mais beaucoup de personnes visitent la cathédrale parce qu'elle est importante dans l'histoire de la France. Les deux jeunes gens rient en entrant quand Tristan essaie de marcher comme Quasimodo. Sofia arrête de rire dans la cathédrale parce qu'elle est très sombre et il est difficile d'y voir. Ils attendent quelques minutes pour que leurs yeux s'ajustent à l'obscurité. Aussi, il fait très froid. Sofia est fascinée par l'un des trois vitraux en forme de rosace. Les rosaces ressemblent à des fleurs géantes où chaque pétale est unique. Dans ce vitrail particulier il y a des scènes importantes de la Bible et de la vie des saints. Le soleil dans le vitrail projette ses couleurs resplendissantes : rouges, roses, et bleues. Les couleurs couvrent le sol et les murs, et Sofia a l'impression d'être dans un kaléidoscope.

Sofia regarde au plafond. La construction de la

---

[1] *The Hunchback of Notre Dame* is the title in English.

cathédrale a commencé en 1160 et a été complétée en 1260. Elle a été modifiée fréquemment dans son histoire, surtout après la profanation[2] de Notre-Dame pendant la Révolution Française. Notre Dame est aussi connue comme « La Forêt » à cause de son toit fabriqué de vieux arbres qui ont plus de 800 ans. Le toit est fait de bois de chênes qui datent de 1220. Comme le toit est très haut, chaque poutre était un arbre individuel. Il a fallu couper des arbres très vieux pour qu'ils soient si grands. Il y a 13.000 arbres géants en tout. En France aujourd'hui, il n'existe même plus d'arbres aussi grands.

Après une heure, Sofia et Tristan décident d'aller dîner. Ils traversent la Seine pour aller dans un petit café. Il est un peu après 18h30, et les deux jeunes gens marchent tranquillement dans la rue quand ils aperçoivent un groupe de personnes qui regardent quelque chose dans la direction de Notre-Dame qu'ils viennent de quitter. Ils sont nombreux, mais silencieux. Il y en a qui pleurent. Sofia et Tristan

---

[2] Desecration

s'approchent du groupe pour demander ce qui se passe, quand tout à coup eux aussi découvrent le problème. Le soleil commence à se coucher mais le ciel est en feu. Il y a des nuages de fumée qui bloquent l'éclat du soleil couchant. Tout le monde veut partir en courant, mais ils restent tous cloués au sol. La cathédrale de Notre Dame est en train de brûler. Plus de huit siècles d'histoire partent en flammes vers le ciel. Sofia n'en revient pas : Tristan et elle y étaient si récemment[3] ! Elle voudrait pleurer aussi, mais malheureusement il n'y a pas assez de larmes au monde pour éteindre ce feu.

---

[3] They were just there recently!

L'EMPIRE DE LA MORT

Le monde est en état de choc le lendemain. Le feu est maintenant éteint, mais Notre-Dame n'est plus la belle structure qu'elle était le jour précédent. À la télé on déclare qu'on a pu sauver beaucoup d'œuvres d'art et de reliques, mais qu'on en a peut-être perdu beaucoup aussi. La confusion règne.

Comment le feu a-t-il commencé ? Beaucoup d'églises en France ont été profanées en 2019 sans raison, Notre-Dame de Paris en fait-elle partie ? Est-ce que le feu s'est déclaré à cause des rénovations de douze millions d'euros que le gouvernement subventionnait ? Personne ne le sait encore.

Comme il est impossible de s'approcher de la cathédrale, Sofia et Tristan se sont donné rendez-vous devant la Tour Eiffel. Ils commencent à se promener. Ils ont besoin de marcher et de parler des évènements d'hier. Ils ont besoin de s'éloigner des milliers de touristes. Alors, ils marchent sans savoir exactement où aller ; ils vont dans la direction opposée du centre touristique de Paris. Bientôt, ils arrivent à un chemin de fer. Ils descendent vers le chemin de fer et marchent tranquillement, parfois passant sous un pont ou à côté d'un jardin abandonné.

Tout à coup, Tristan lève les yeux et voit un trou dans un mur. Le trou est grand, assez grand pour qu'une personne puisse s'y glisser à plat ventre. Les deux s'approchent du trou et regardent dedans. Tristan allume le faisceau de la torche électrique de son téléphone portable pour mieux voir. C'est en fait un tunnel, assez haut pour pouvoir marcher dedans.

« Allons-y, dit Tristan. Regardons ce que c'est.

- Mais, tu es complètement fou Tristan ! crie Sofia. Ça peut être super dangereux !

- Mais non, Sofia. Au moindre problème nous ferons demi-tour. »

Avec beaucoup d'hésitation, Sofia suit Tristan

dans le tunnel. Il est très difficile d'y voir même avec la lumière des portables. Il fait très noir, et très froid. Ils s'avancent lentement dans le tunnel et bientôt le point d'entrée n'est plus qu'une petite tache de lumière dans la distance. Sofia n'est pas sûre de continuer, mais Tristan lui montre alors des traces de pieds pour indiquer que d'autres personnes sont déjà passées par là.

« Oui, peut-être, dit Sofia, mais ces traces vont seulement dans une direction. Ces gens ne sont jamais ressortis ? »

Tristan s'arrête net avec ce commentaire. Sofia a raison. Les traces de pieds vont seulement dans une direction - elles s'enfoncent dans le tunnel. Les gens sont effectivement entrés, mais pourquoi ne sont-ils jamais ressortis ? Tristan éclaire le chemin devant lui. Le tunnel continue tout droit, mais ensuite s'enfonce dans le néant, comme s'il descendait vers le centre de la terre. Tout est silencieux. Ils n'entendent plus les bruits de Paris : plus de voitures, plus de trains, plus de sirènes. Ils entendent comme des petites gouttes d'eau qui tombent quelque part. Et aussi maintenant le battement de leurs cœurs.

Tristan éclaire les murs pour voir un peu. Sur les murs il y a une sorte d'écriture, mais difficile à lire. On dirait du latin. Il voit aussi des formes, comme des panneaux pour indiquer des directions. Il approche son téléphone pour mieux voir. Incrustés dans les murs il y a des ossements. À droite, l'os d'une jambe, à gauche d'une main, et au milieu d'un crâne. Tristan et Sofia restent immobiles. Ils ne respirent plus.

Soudainement Sofia crie, « Quelqu'un a pris mon pied ! C'est la main d'un squelette j'en suis certaine ! »

Sans une seconde d'hésitation les deux jeunes gens courent vers le petit point de lumière de l'entrée du tunnel. Sofia se met à plat ventre pour sortir et Tristan lui pousse les pieds. Sofia sort du trou avec une vitesse incroyable. Tristan a du mal à sortir. Il est coincé dans le trou. Sofia essaie de le tirer.

« Non ! crie Tristan. C'est trop tard ! Le squelette a pris ma jambe ! Il me tire dans le tunnel ! »

Tristan se rend compte que le squelette ne le tire pas, en fait il semble que le squelette le pousse pour qu'il sorte rapidement du trou. Sofia tire de toutes ses forces, Tristan sort du trou immédiatement et roule par terre. Les deux jeunes gens sont très pâles et respirent fort. Ils voient que la terre tombe du trou comme si quelqu'un d'autre voulait sortir aussi. Curieux, ils regardent dans le trou. À ce moment-là, un rat énorme saute de l'entrée des tunnels. Effrayé par la lumière du jour, il pousse un petit cri aigu et court vers le chemin de fer. Sofia ne peut plus se retenir.

« C'est ça ton squelette ? Tu te fous de moi[4] ? »

Mais Tristan n'est pas convaincu. Il se retourne vers le trou et il est certain que quelqu'un, ou quelque chose, ne veut pas qu'ils aillent dans ces tunnels, et les a fait sortir vite des catacombes. Tristan s'approche du trou et ce qu'il voit ce n'est pas un squelette, mais le visage d'un jeune garçon. Il a les cheveux noirs et les yeux d'un vert vif. Le garçon sourit, lui fait un signe de la main, et aussitôt, il disparait dans le noir. Sofia arrive à côté de Tristan et

---

[4] Are you kidding me? (slang)

regarde dans le trou aussi, mais elle ne voit rien.

« Allez, Tristan, lui dit-elle. Arrête de te faire des amis avec des rats. »

Perplexe, Tristan prend la main de Sofia et les deux jeunes gens s'en vont.

LE « CATAPHILE[5] »

Tristan et Sofia sont assis au bar du Café des Martyrs. Ils sont heureux d'être en vie. Ils pensent que s'ils ne s'étaient pas échappés du trou, ils auraient été prisonniers pour toujours. Ils regardent les infos à la télé dans le café. Charles Duvoyou, le directeur de la Conservation historique et culturelle de Notre- Dame de Paris, parle avec un journaliste. Il explique que les reliques et les œuvres d'art sauvées du feu seront transmises au Musée du Louvre. Il continue à dire tristement qu'il y a beaucoup d'œuvres d'art qui ont disparu dans le feu. Il dit qu'ils n'ont pas pu tout sauver, et que c'était une tragédie de perdre ces œuvres parce qu'elles représentent le patrimoine français. Le reportage suivant s'avère très intrigant

---

[5] An urban explorer of the catacombs.

pour Tristan et Sofia. Jean-Pierre Redoutable, le chef de police de Paris parle maintenant. Il est très animé et à mesure qu'il parle, il devient de plus en plus rouge. Il parle d'un sujet de haute importance - la protection des habitants et des touristes à Paris. Il demande que tout le monde reste loin de Notre-Dame pendant que durera l'investigation pour trouver pourquoi le feu a commencé dans la cathédrale. Il continue:

« Et, un autre sujet de haute importance qui concerne la protection civile, est l'interdiction au public d'entrer dans les catacombes. Nous ne pouvons pas être en permanence à surveiller les nombreuses entrées qu'on trouve à Paris. Nous avons cependant des cataphiles qui connaissent très bien les catacombes. Ils travaillent pour la police, pour nous avertir s'il se passe quelque chose d'inhabituel. Il est essentiel que toutes les personnes curieuses restent loin des catacombes. Si vous entrez dans les catacombes, vous risquez la mort par inondation ou par effondrement. Si quelqu'un se perd, personne ne sait ce qui peut s'y trouver -peut-être même la peste noire[6] !Nous ne pouvons pas garantir votre sécurité. »

Tristan et Sofia se regardent sans parler. Le barman les observe avec attention. Il est petit et il a l'air musclé, comme s'il avait fait beaucoup de sport dans sa jeunesse. Il a la quarantaine. Il est brun aux cheveux courts et aux yeux marron. Il porte un pantalon noir avec une chemise bleue, et il se déplace rapidement avec des mouvements bien précis comme un champion de boxe. Il regarde Tristan et Sofia et remarque leur confusion. Il leur dit:

« Je vois que vous n'êtes pas d'ici. Vous avez entendu parler des catacombes ?

- Non, pas trop, répond Tristan.

- Laissez-moi vous expliquer la situation alors. Il y a près de trois cents kilomètres[7] de galeries sous Paris. À l'origine, ces tunnels étaient des carrières d'où l'on extrayait de la pierre pour bâtir les maisons et les bâtiments de Paris pendant des siècles. Ces galeries sont profondes ! Il y a des endroits où il y a trois

---

[6] The Black Death (Bubonic Plague) was one of the most devastating pandemics in human history. It is spread by infected fleas from small animals.

[7] Over 186 miles

niveaux de carrières, mais la profondeur moyenne est d'environ vingt mètres sous le niveau du sol [8]. »

Et il continue :

« Le problème c'est qu'à la fin du 18e siècle, les cimetières parisiens étaient pleins. Il y avait beaucoup de problèmes d'insalubrité. Alors, la décision a été prise de déplacer les ossements dans une partie des carrières. Par exemple, avant, le cimetière des Saints-Innocents était un petit cimetière de campagne. Petit à petit, il est devenu le plus grand cimetière de Paris. Il s'est trouvé progressivement entouré de constructions, et se trouve maintenant au milieu d'un des quartiers les plus animés de la ville. Après beaucoup d'années, les guerres, les épidémies ou les famines ont apporté des milliers de cadavres à enterrer dans ce très petit espace. Imaginez des milliers de cadavres dans un tout petit cimetière ! Cela favorise la propagation des maladies. Les autorités de la ville de Paris ont proposé une solution originale au problème. Ils se sont inspiré des catacombes de Rome,

---

[8] About 66 feet underground

mais avec la différence qu'à Paris les catacombes n'ont jamais servi de sépulture directe[9] et n'ont aucun caractère sacré[10]. Alors, aujourd'hui, on pense que six millions d'ossements de français sont dans les catacombes.

- Comment en savez-vous autant? demande Tristan.

- Ah, je suis un de ces cataphiles. Je descends avec une équipe de recherche pour documenter l'histoire des catacombes. C'est vrai qu'il y a des problèmes quand les personnes qui ne savent rien des catacombes y entrent. Il y a des histoires de personnes qui entrent, mais qui ne ressortent jamais. »

Tristan pense aux traces de pieds qu'ils ont vues. Ces traces allaient dans une direction. Elles entraient, mais ne sortaient pas des tunnels.

« Où est le cimetière ? demande Tristan.

- Il était situé Rue St Denis, mais il n'existe plus. La ville l'a fermé quand ils ont transféré les

---

[9] Meaning bodies weren't directly buried there, rather transported from another cemetery.
[10] No religious significance

ossements. Regardez, j'ai un article du journal qui parle de la disparition de deux personnes dans les catacombes cette semaine. Leurs familles disent qu'ils sont allés dans les catacombes, mais il n'y a aucune trace d'eux. Ils ont disparu. Un vrai mystère ! La dernière fois qu'on les a vus c'était il y a cinq jours près de la Fontaine des Saints-Innocents, répond le serveur.

- Et qu'est-ce que c'est la Fontaine des Innocents ?

- La Fontaine des Innocents est la fontaine qui était dans le cimetière, mais on l'a transportée du cimetière vers le centre de Paris. »

Tristan regarde l'article et réfléchit. Il cherche la Rue St Denis sur son téléphone. Il trouve le quartier de St Denis, la Basilique St Denis, et finalement la Rue St Denis. Avec beaucoup de confiance, il dit à Sofia :

« Allons-y. Nous allons explorer un peu plus cette belle ville. »

RUE ST DENIS

Le lendemain, Tristan et Sofia quittent la station de métro et continuent à pied sur la rue St Denis jusqu'à ce qu'ils arrivent à la Fontaine des Innocents. Les deux s'asseyent pour admirer cette grande fontaine qui n'a plus d'eau. C'est juste un monument dans un espace public . Tristan cherche sur son téléphone s'il y a des entrées connues aux catacombes près de cette fontaine. Avant de trouver la réponse, il apprend aux infos que Charles Duvoyou, le directeur de la conservation historique et culturelle de Notre Dame de Paris, a annoncé que beaucoup de reliques et d'œuvres d'art ont disparu pendant le transfert au Musée du Louvre. On dit qu'il travaille avec le chef de police Jean-Pierre Redoutable pour récupérer ces œuvres, mais pour le moment, il n'y a aucune trace des objets. Il manque surtout des tableaux, des objets en or, et des statues. Une des statues perdues est la statue de Saint Denis, le saint patron de Paris. Il y a des photos des objets perdus, et Tristan trouve que l'objet le plus intéressant est cette statue de St Denis. Tristan montre la photo à Sofia.

« Elle me fait peur cette statue ! s'exclame Sofia. Pourquoi il tient sa tête dans ses mains ?

- Aucune idée, mais je pense que nous allons découvrir pourquoi.

- Nous partons déjà ? On vient d'arriver ! proteste Sofia.

- Sofia, tu es à Paris pour apprendre l'histoire et l'art, non ? Tu vas apprendre plus dans nos excursions que dans ta classe, j'en suis sûr ! »

Les deux jeunes gens retournent vers le métro, cette fois, direction Basilique de St Denis.

Il fait très beau pour un après-midi d'avril. Le soleil brille très fort, et beaucoup de Parisiens remplissent les jardins et les cafés pour profiter du beau temps. Sofia veut rester au soleil, mais elle suit

Tristan dans la Basilique de St Denis. Elle est contente de l'avoir fait parce que le soleil illumine tous les vitraux et Sofia a l'impression qu'elle est au milieu d'un arc-en-ciel. Elle s'exclame :

« Que c'est glorieux toute cette lumière ! Regarde Tristan, la statue de St Denis ressemble à la photo que tu m'as montrée. C'est celle d'un homme qui tient sa propre tête dans ses mains! Mais qui était ce St Denis ?

- Regarde, il y a un groupe qui fait un tour, on va écouter ? » propose Tristan.

Les deux jeunes gens suivent le groupe de touristes pour comprendre la légende.

St Denis est le saint patron de France. Il est venu d'Italie en 250 après J.C. comme missionnaire et premier évêque de la Gaule (aujourd'hui France). Il a été capturé et tué à Montmartre. Il a été décapité, et selon la légende il a marché six kilomètres[11], depuis Montmartre, sur ce qui est aujourd'hui connu comme

---

[11] 3.7 miles

la Rue des Martyrs. Pendant qu'il marchait il tenait sa tête et il continuait à prêcher jusqu'à ce qu'il tombe mort. La basilique a été construite sur sa tombe. La basilique est devenue un cimetière royal et historique. Quarante-deux rois, trente-deux reines, et soixante-trois princes et princesses sont enterrés ici. La basilique de lumière est donc à la fois la nécropole royale[12] la plus importante de France.

Le groupe vient de finir le tour, et comme il est tard dans l'après-midi, Sofia et Tristan sortent de la basilique. Il commence à faire sombre et le soleil va se coucher près de l'horizon. Les deux jeunes gens s'arrêtent devant un grand portail.

« Regarde, dit Sofia. C'est St Denis ! »

Au-dessus de la porte il y a une représentation de St Denis qui tient sa tête dans les mains. C'est peut-être la faible lumière du jour qui reste, ou peut-être la fatigue d'une longue journée d'exploration à Paris, mais Tristan et Sofia voient la même chose : la statue de St Denis les observe longuement. Ensuite, il lève

---

[12] "Royal Necropolis" from Greek meaning "City of the Dead" is a large, designed cemetery with elaborate tomb monuments.

les yeux et regarde derrière le couple, au loin. Il relève la tête pour indiquer une direction précise, et les deux voient que sa tête essaie de parler. Les deux amis se regardent, silencieux. Ensuite, ils regardent encore dans la direction qu'indiquait St Denis.

UNE DÉCOUVERTE

Après le coucher du soleil, Tristan et Sofia retournent à la basilique de St Denis. La basilique est maintenant fermée. Il y a beaucoup moins de personnes, les rues autour de la basilique sont presque vides. Les deux jeunes gens ont eu peur que s'ils étaient venus quand il faisait encore jour, trop de personnes les auraient vus, et ils préfèrent être discrets. Maintenant ils sont contents ; il n'y a presque plus personne. Les deux jeunes gens arrivent à l'endroit indiqué par la statue de Saint Denis. Ils marchent dans la rue et cherchent un indice. Ils cherchent longtemps mais ils ne voient rien d'extraordinaire. La nuit tombe presque et Tristan sort une lampe de poche. Il l'allume et soudainement les deux jeunes gens voient peut-être ce que la statue indiquait. Il y a un grand panneau cloué à la muraille. Sur le panneau, il y a une image de St Denis et des indications concernant l'entrée de la basilique et la station de métro la plus proche. Tristan s'approche du panneau et découvre que derrière, il y a un trou dans la muraille. Il tire sur le panneau et voit que le panneau se déplace facilement. Derrière le panneau, le trou est assez grand pour qu'une personne y entre.

« Voilà ce que la statue de St Denis nous indiquait, s'exclame Tristan ! C'est une entrée aux catacombes. On y va ?

- Es-tu certain ? demande Sofia. C'est trop dangereux, tu ne penses pas ? Pourquoi cette statue veut que nous allions là-bas ?

- C'est ce que nous allons voir, » répond-t-il.

Tristan entre dans le trou sans hésitation pendant que Sofia regarde autour d'elle et respire fort. La rue n'a pas beaucoup de lumière, mais elle voit deux ombres s'approcher. Ce sont deux policiers qui viennent en parlant. Ils s'approchent d'elle, mais pour le moment ils ne la voient pas. Sans réfléchir une seconde de plus, elle suit Tristan, entre dans le trou et disparait dans la ville souterraine des catacombes.

Tristan et Sofia avancent silencieusement dans les tunnels des catacombes avec la lumière faible de la lampe de poche. Parfois ils marchent dans l'eau, parfois ils trébuchent sur ce qu'ils pensent être des ossements. Pendant longtemps il n'y a rien d'autre à part une série de tunnels qui se présentent comme un labyrinthe interminable. Pour ne pas se perdre, ils décident de continuer tout droit autant que possible. Ils marchent pendant ce qui leur semble des heures avant d'arriver à une porte. À droite de la porte, taillée dans la pierre, il y a une image de St Denis. Cette fois, il tient sa tête dans une main et il semble vouloir ouvrir la porte avec sa main libre.

« Regarde ! murmure Sofia. C'est lui ! Ce doit être un passage important ! Mais, qu'est-ce qu'il y a écrit au-dessus de la porte ? »

Tristan éclaire en haut avec sa lampe de poche pour voir. Taillé dans la pierre, écrit clairement, ils lisent :

Le Refus Absurde[13].

« Qu'est-ce que ça veut dire ? demande Sofia.

- Aucune idée, répond Tristan. Entrons. » Et sans hésitation il ouvre la grande porte en bois.

Les deux jeunes gens se retrouvent dans une grande salle sans lumière. Quand Tristan l'explore avec sa lampe, Sofia retient un cri parce qu'elle voit des milliers de petits points jaunes qui reflètent la lumière. Elle croit que ces points de lumière sont des yeux qui la regardent, peut-être des yeux de milliers de rats ? Sofia prend la main de Tristan. Les deux s'avancent dans la chambre. La lampe de poche révèle que ce ne sont pas du tout des milliers de rats. La chambre est pleine d'objets d'art. Il y a des chandeliers en or, des tableaux dans des cadres dorés, des couronnes, des reliques religieuses en or, tellement d'objets qu'il n'y a presque plus de place pour marcher. Tout scintille dans la lumière faible que Tristan tient dans sa main.

« Mais, qu'est-ce que c'est ? » demande Sofia.

---

[13] Literally "The Absurd Refusal."

Tristan n'a pas le temps de répondre. Au fond de la salle ils entendent un énorme bruit métallique.

« Il y a quelqu'un ! » murmure Tristan.

Les deux jeunes gens sortent de la salle où ils retrouvent St Denis, avec son air inquiet.

« Quoi maintenant ? demande Sofia. Est-ce qu'il faut que nous rentrions ?

Regarde, dit Tristan. Il y a de la lumière par là. Peut-être c'est une sortie ? »

Les deux jeunes gens courent vers la lumière et trouvent encore un trou à peine assez grand pour sortir à plat ventre. Sofia est surprise par la vitesse avec laquelle ils se retrouvent à l'extérieur. Il fait nuit mais il y a beaucoup de lumières venant des restaurants, des appartements, et des cafés ouverts. Les deux jeunes gens regardent et trouvent le nom de la rue : *Rue des Martyrs.*

CAFÉ DES MARTYRS

Tristan et Sofia arrivent devant le Café des Martyrs. Ils s'asseyent à une table et reconnaissent l'homme qui vient à leur table. C'est le même barman du café où ils étaient avant.

« Bonsoir mes deux amis les cataphiles ! Je suis content de vous revoir dans mon café. On dirait que vous avez eu une aventure, non ? » dit le barman.

Les deux jeunes gens se regardent dans le miroir sur le mur et ils sont gênés de voir qu'ils sont couverts de terre et de poussière provenant des tunnels souterrains.

« Deux chocolats chauds, s'il vous plait », demande Tristan timidement.

L'homme sourit et répond : « Tout de suite mes

amis. »

Sur la télé les deux jeunes gens voient un autre reportage avec Charles Duvoyou, le directeur de la Conservation historique et culturelle de Notre-Dame de Paris. Il parle avec un journaliste. Mais, ils n'entendent pas ce qu'il dit parce que la télé n'a pas de son, juste l'image. Charles Duvoyou parle lentement. Il est très pâle et semble très fatigué. Derrière lui, il y a Jean-Pierre Redoutable, le chef de police de Paris, qui semble très fâché. Finalement, le chef de police passe devant la caméra et crie quelque chose. Tout le monde comprend que l'interview est terminé.

« C'est dommage cette nouvelle, non ? » demande l'homme en leur servant les chocolats chauds.

« Quelle nouvelle ? » demandent Tristan et Sofia en même temps.

L'homme leur explique que beaucoup des reliques et d'objets d'art ont disparu de Notre-Dame. Ces objets devaient aller au Musée de Louvre, mais ils ne les trouvent plus. C'est une tragédie parce que le pays a presque perdu la cathédrale, et maintenant ces objets historiques ont disparu aussi.

Tristan et Sofia se regardent longuement. Ils se comprennent sans parler : Est-ce qu'ils ont déjà vu tous ces objets dans les catacombes ?

Le barman continue :

« Perdre ces objets, c'est un peu perdre l'identité de la France. La France n'a pas connu des problèmes comme ça depuis la deuxième guerre mondiale[14] quand les nazis ont volé des objets d'art un peu partout en Europe.

- Quoi? demandent Tristan et Sofia en même temps.

- Oui, pendant la guerre, un des objectifs des nazis était d'amasser le plus d'œuvres d'art possible de tous les pays. Après la guerre, en 1943, le général Eisenhower a créé le *Monuments, Fine Arts, and Archives Program*, qui est *le Programme de Sauvegarde de l'Art, des Monuments et des Archives*. Ce groupe est connu en anglais comme les *Monuments Men*. Leur objectif est de travailler avec

---

[14] World War II

les Alliés pour récupérer les très nombreuses œuvres d'art volées par les nazis.

- Mais, demande Sofia, vous dites que leur objectif est de récupérer les œuvres d'art. La guerre a fini il y a bien longtemps ! Ce groupe existe-t-il encore ?

- Oui, c'est un groupe international qui existe toujours parce qu'il y a toujours beaucoup d'objets d'art perdus. Ils continuent à chercher les objets d'art pour les rendre aux pays respectifs.

- Comment connaissez-vous autant l'histoire ? demande Sofia.

- L'histoire c'est ma passion, ce café est seulement mon travail. C'est pour ça que j'adore les catacombes aussi, il y a beaucoup d'histoire sous nos pieds. La plupart des cataphiles ne gagnent pas leur vie explorant les catacombes. C'est juste leur passion, et notre passion aide les autres parfois.

- Alors, continue Sofia en regardant Tristan, comme vous êtes expert en histoire, peut-être vous pouvez nous aider. Que signifie *Refus Absurde* ?

- *Refus Absurde* ? C'est une référence à la Résistance française.

- Le groupe secret pendant la guerre qui donnait des informations aux Alliés ? Comme des espions, non ? ajoute Tristan.

- Oui. Après la première guerre mondiale la France souffrait beaucoup. Elle a perdu beaucoup de vies dans la guerre, et continuait à en perdre après à cause des maladies comme la grippe. La France n'était pas assez forte pour s'engager dans une deuxième guerre avec les allemands. Alors, la Résistance française a été importante pour le succès de la seconde guerre mondiale parce que la Résistance était un réseau d'espionnage qui donnait des informations essentielles aux Alliés.

- Ces espions étaient des anciens soldats ? demande Tristan.

- Non, pas du tout. La Resistance était formée de petits groupes d'hommes et de femmes comme tout le monde. C'étaient des gens de tous les niveaux de la société : des étudiants, des professeurs, des aristocrates, des pauvres, même des prêtres… On appelait ces petits groupes les *Maquis*[15]. Ils aidaient comme ils le pouvaient. Ils passaient des informations secrètement, ils ont créé des journaux secrets, ils aidaient les gens à s'évader des zones dangereuses, ils faisaient des actes de sabotage comme de couper la route aux nazis, et ils aidaient les soldats alliés à sortir de derrière les lignes ennemies.

- Et *Refus Absurde* alors ? demande Tristan.

- C'est une expression qui résumait l'expérience des français quand ils ont vécu l'occupation nazie. Le fait de voir le drapeau français sur la Tour Eiffel remplacé par la croix gammée ou *le swastika* pour les Allemands, et de voir les Allemands occuper les monuments français produisait une expérience de confusion, de peur, de refus. Le Refus Absurde vient de l'écrivain Jean Cassou[16], qui a créé un des premiers groupes de la Résistance à Paris. La France n'avait

---

[15] The *Maquis* were rural guerrilla bands of French Resistance fighters, called *maquisards*, during the Nazi occupation of France in World War II.

[16] (1897 –1986) Jean Cassou was a French writer, art critic, poet, member of the French Resistance during World War II, and the Director of the Musée national d'Art Moderne in Paris.

pas l'armée nécessaire pour se défendre contre les nazis. Mais, les Français ont refusé d'accepter que les nazis puissent gagner même si les nazis avaient plus de force militaire. Alors, pour les français il était absurde de croire que la France passerait aux mains des nazis. Ils ont décidé de résister à l'occupation allemande avec les moyens possibles ; dont la création de la Résistance.

- Vous vous y connaissez vraiment beaucoup pour un simple cataphile, plaisante Sofia.

- Ah, mais la Résistance utilisait les catacombes pendant la guerre. Les catacombes étaient très utiles comme passages secrets, ou comme base militaire secrète. »

Tristan et Sofia se regardent en silence.

« Merci pour la leçon d'histoire, plaisante Tristan. Comment vous appelez-vous ?

- Denis ! », répond-t-il avec un petit sourire.

LA SALLE AUX TRÉSORS

Le lendemain matin, Tristan et Sofia sont devant le Café des Martyrs. Il ne fait pas encore jour, et même s'ils commencent à sentir l'odeur des croissants, les boulangeries n'ont pas encore ouvert leurs portes. Les fenêtres dans le Café des Martyrs sont noires, à part une lumière rouge qui clignote avec le mot : *Fermé*. Cette fois, Tristan et Sofia entrent dans les catacombes avec un objectif précis. Ils ont besoin de savoir qu'est-ce qu'il y a exactement dans cette salle des trésors. Maintenant qu'ils connaissent le chemin, ils marchent vite et trouvent facilement la porte gardée par St Denis. Mais aujourd'hui tout semble un peu différent. La porte n'est pas complètement fermée. Les deux jeunes gens se glissent silencieusement dans la salle des trésors, anxieux de trouver la vérité. Pendant que Tristan projette de la lumière sur les objets, Sofia prend des photos. Ils travaillent rapidement et silencieusement jusqu'au moment où ils entrent plus profondément dans la salle.

Trois tableaux sur une chaise en or couverte de velours rouge tombent tout à coup par terre avec un bruit énorme, assez fort pour réveiller un mort enterré depuis des siècles ! Tristan et Sofia ne bougent pas. Soudain, ils entendent la porte qui se ferme et des pas qui s'approchent. Subitement, Sofia pousse un cri aigu :

« Lâche-moi ! Tu me fais mal !

- Sofia, qu'est-ce qui te prend[17] ? », crie Tristan.

Sa lampe de poche tombe et il cherche Sofia dans le noir.

Plusieurs lumières s'allument à la fois, et une voix d'homme crie :

« Qui êtes-vous et qu'est-ce que vous faites ici ? »

---

[17] What's the matter?

Tristan regarde bouche-bée, surpris de voir Jean-Pierre Redoutable, le chef de police de Paris.

« Ah, c'est vous, le chef de police ! crie Tristan. Content de vous voir. Nous avons trouvé cette salle des trésors, et nous pensons qu'il y a une connexion avec les objets qui ont disparu de Notre-Dame.

- Ah, bon ? Vous pensez ? répond le chef de police. Moi je ne pense pas. Venez donc avec moi. Je vous expliquerai pourquoi nous, la police, nous investiguons. »

Il emmène Tristan et Sofia plus loin dans la salle des trésors et ouvre une petite porte qui donne sur une autre salle plus petite et vide.

« Vous savez qu'il est interdit de visiter les catacombes ? C'est une offense sérieuse. »

Les deux jeunes gens se retournent et voient qu'il y a trois autres hommes y compris Charles Duvoyou, le directeur de la Conservation historique et culturelle de Notre- Dame de Paris.

« Que faisons-nous maintenant, chef ? demande un des hommes.

- Continuez à mettre les objets dans la salle. J'en ai

pour une minute. »

Les hommes disparaissent dans le noir, et Jean-Pierre regarde Tristan et Sofia.

« Vous n'auriez jamais dû venir[18] dans les catacombes. C'est une erreur tragique, dit-il en fermant la porte à clé[19]. Puisque vous aimez tellement les catacombes, vous pouvez y rester pour le reste de votre vie ! »

Tristan et Sofia ne comprennent pas pendant quelques secondes, mais quand ils comprennent ils se retrouvent enfermés dans cette salle, dans le noir, et tout devient très clair. Le chef de police est responsable de la disparation des objets historiques, et maintenant de leur disparition aussi !

Il leur semble que des heures passent enfermés dans la salle. Ils n'ont plus de voix à force de crier au secours[20]. Sofia se met à pleurer, et Tristan commence à paniquer lui aussi. Toujours pas de lampe de poche. Ils ne voient rien. Ils n'entendent plus les hommes

---

[18] You should have never come
[19] Locking the door
[20] Yelling for help

dans la salle des trésors. Ils sont désespérés, et ils ont du mal à respirer. Il n'y a pas assez d'air dans la salle. Juste quand Tristan pense à abandonner tout espoir, il pense à la statue de St Denis. Il pense à l'histoire de St Denis qui refusait de s'arrêter même après sa décapitation. Il pense comment St Denis, lui, a marché des kilomètres pour faire entendre son message. Il pense aussi à la Resistance et le *Refus Absurde* et au courage que ces personnes avaient pour lutter même quand tout semblait impossible.

Tristan refuse de mourir dans cette salle. Il refuse d'abandonner tout espoir. Il sort son téléphone et regarde dans la petite salle. Il ne sait pas ce qu'il cherche, mais il commence à analyser la salle. Il voit des écritures partout sur les murs : des dates, des chiffres, des noms, et finalement un petit dessin. Il éclaire l'image avec son téléphone pour mieux voir. C'est l'image d'un homme sans tête. St Denis ? Mais St Denis a toujours sa tête dans les mains, et cet homme ne l'a pas. Tristan regarde plus loin sur le mur. Voilà, la tête est là ! Elle a une expression d'urgence. Tristan passe ses mains sur le dessin et sent que

l'image a été gravée profondément dans la pierre.
Avec les mains il appuie sur la pierre, et derrière le
mur il entend un bruit, comme si les pierres se
déplaçaient[21] . Tristan pense :   Est-ce une porte
secrète ? Tristan décide qu'il faut qu'il appuie à
nouveau avec plus de force. Soudainement, un rayon
de lumière remplit la petite salle, et à travers la
poussière il voit le jour et entend les bruits familiers
de la ville : des gens parlent, des voitures roulent, et
le bruit des sirènes au loin. Il lui semble avoir vu
quelqu'un de l'autre côté de la porte partir en courant,
mais Tristan n'en est pas certain.

« Viens, Sofia ! Voilà la sortie ! »

Sans hésitation, les deux jeunes gens sortent d'un
petit tunnel qui donne sur la rue. Quand leurs yeux
s'accoutument à la lumière du jour, ils se rendent
compte qu'ils ne sont pas loin du Café des Martyrs.
Ils sont en vie ! Ils sont de nouveau dans le monde des
vivants !

La porte se referme aussitôt derrière eux. Voilà

---

[21] They were moving

Denis sur la terrasse devant son café. Denis les regarde. Aussitôt, il fait demi-tour et rentre dans le café comme s'il n'avait rien vu.

ST DENIS

Le titre du journal le lendemain est époustouflant[22] !
Tristan et Sofia ont lu l'article trois fois et ils ont de
la peine à y croire [23]: Le chef de police de Paris arrêté
pour collaboration et vol des objets précieux.

« Mais, comment est-ce qu'ils l'ont découvert ? On
y était hier ! Ils le savent déjà ? » s'exclame Tristan.

Ils s'assoient devant la Basilique St Denis au soleil.
Il y a beaucoup de groupes de touristes, mais Tristan
et Sofia n'y font pas attention. Ils regardent l'article
comme si c'était la chose la plus importante qu'ils
aient jamais vue. Tristan insiste :

« L'article dit qu'ils ont trouvé qui volait les objets

---

[22] Shocking, breathtaking.
[23] It's hard to believe

de Notre-Dame par un renseignement anonyme. Mais qui, à part nous, savait que cette salle de trésors existait ? »

Il n'y a plus personne devant la basilique maintenant. Les touristes sont rentrés et tout est silencieux. Sofia prend le journal dans ses mains. Elle met le journal en plein soleil pour mieux voir la photo. Elle voit le chef de police avec les yeux baissés qui marche vers une voiture de police. On voit Charles Duvoyou aussi dans la photo. Il a été arrêté pour avoir aidé le chef de police dans le larcin[24]. Soudainement Sofia s'exclame :

« Je sais qui a donné ce renseignement anonyme ! Regarde la photo, là-bas, derrière à gauche. »

Tristan prend le journal et regarde.

« Denis ! Notre Denis du Café des Martyrs ! Mais comment... »

Il n'a pas le temps de finir sa phrase que Sofia se lève et marche vers l'entrée de la basilique. Ses yeux se fixent sur la statue de St Denis. Tristan la rejoint

---

[24] Larceny, theft

pour voir. Il demande :

« Qu'est-ce qu'il y a ? »

Sofia ne répond pas tout de suite. Après une minute elle lui dit :

« Rien. J'ai pensé voir quelque chose, mais c'est peut-être mon imagination. Je suis fatiguée de toute cette situation je pense. »

Tristan et Sofia vont au Café des Martyrs. Denis est au bar comme toujours, avec deux chocolats chauds déjà préparés.

« Deux chocolats chauds pour mes deux amis, Denis leur dit avec un sourire. Mais, pourquoi ces têtes tristes aujourd'hui ? »

Tristan et Sofia se regardent. Ils ne savent pas qui doit parler en premier. Finalement Tristan parle :

« Nous sommes préoccupés aujourd'hui.

- Oui, dit Sofia. Comme je suis ici pour étudier l'art et l'histoire, je lis beaucoup sur la situation de Notre-Dame, et nous ne comprenons pas les infos d'aujourd'hui.

- Ah, moi aussi je suis la situation, dit Denis. Et je dois vous avouer quelque chose.

- Quoi ? disent Tristan et Sofia en même temps.

- Je savais que le chef de police cachait les objets dans les catacombes pas loin d'ici, mais je n'avais pas la preuve.

- Alors, c'est vous qui avez donné ce renseignement anonyme ? demande Sofia.

- Oui. Vous voyez, je travaille souvent pour la police parce que je connais ces catacombes. Mais, je ne pourrais jamais dénoncer M. Redoutable parce qu'il me connait ; et sans preuve, c'était tout à fait impossible. Il m'aurait mis en prison, ou il m'aurait tué. Alors, quand j'ai vu que vous alliez dans les catacombes, j'étais sûr que vous alliez trouver quelque chose un jour ou l'autre, et qu'avec un peu de chance j'aurais la preuve que j'attendais.

- Alors, vous saviez que c'était dangereux, mais vous n'avez rien dit, et vous nous suiviez quand même ? demande Tristan.

- Non, bien sûr que non. Je ne vous suivais pas, mais je vous ai envoyé de l'aide, répond Denis, très sérieux.

- De l'aide ? Comment ? Sofia et moi sommes

presque morts dans la salle des trésors dans les catacombes ! crie Tristan.

- Peut-être, mais vous avez eu un peu d'aide pour sortir, non ? En fait, grâce à moi vous êtes sortis plusieurs fois sain et sauf, dit Denis.

- Comment ? crient Tristan et Sofia en même temps.

- Mes amis, je vous présente mon ami et cataphile Le Rat, annonce Denis.

Un jeune garçon de treize ou quatorze ans sort de la cuisine. Il a l'air intelligent mais impatient aussi. Il est petit avec les cheveux noirs et les yeux verts et vifs. Tristan le reconnait tout de suite comme le garçon qu'il avait vu la première fois qu'il est sorti des catacombes.

- Le Rat était avec vous dans la salle des trésors. C'était lui aussi qui vous a aidés à sortir quand vous étiez capturés par M. Redoutable, explique Denis. Grace à vos efforts et mon aide, j'ai pu empêcher ce criminel de voler ces objets de valeur nationale.

- Ça alors ! dit Sofia lentement. Merci, Le Rat !

- On vous doit la vie alors ? ajoute Tristan.

Le Rat ne leur dit rien. Il hausse les épaules. Puis il demande à Denis :

« C'est l'heure de ma pause. Je peux y aller ? »

Denis fait signe de la tête que oui.

Sofia et Tristan quittent le café quelques minutes plus tard et retournent une dernière fois devant la basilique. Le soleil se cache et il fait froid. Ils partent lentement, mais quelque chose retient Sofia. Elle se retourne pour regarder une dernière fois vers la statue de St Denis. Elle est certaine cette fois d'avoir vu correctement ; la tête de St Denis la regarde et, pour un instant, juste un instant, d'un regard complice, St Denis lui sourit.

GLOSSAIRE

(il/elle) a du mal à sortir : s/he has trouble getting out
(il/elle) a failli : almost did something
à mesure qu'il parle : as he continues talking
à part des : apart from, besides
à plat ventre : flat on the belly
a pris feu : it caught on fire
a raison : s/he is correct
accèdent : they give access to, access
aperçoiven t: they notice
attendent : they wait
au fil des années : over the years
au milieu de : in the middle of
aucune trace : not a trace of
au-dessus de : above
aujourd'hui : today
autant : so much
autorisé : authorized, has permission
aventurier malchanceux : unlucky adventurer
averitr : to warn, to let someone know/ to inform
basilique : basilica
bâtiments : buildings
bâtir : to build
battement de leurs cœurs : their heartbeats
bois de chênes : wood from oak trees
bouche-bée : open mouthed with disbelief
bruit metallique : metallic sound/ noise
brûler : to burn

c'est dommage : it's unfortunate
cadavres : corpses
carrières : quarries, a mine for stones
catacombes : catacombs, underground cementery
cataphile : urban explorer of catacombs
chandeliers en or : gold chandeliers
chaque : each
chênes : oak trees
chemin de fer : railroad tracks
chemins :ways, passages, trails
chercheurs : searchers, researchers
cimetière : cementery
clignoter : to blink
cloué à la muraille : nailed to the wall
commence : started
connait : knows (person, thing)
connues : known for, known as
construits : constructed, built
convaincu : convinced
couronnes : crowns
crâne : skull
cri aigu : sharp cry/scream
croix gammée : swastika
curieux : curious
d'un sourire complice : with a knowing smile
dangereux : dangerous
décapité : decapitated
demi-tour : U-turn, turn around
dénoncer : to denounce, to accuse and turn in to authorities
depuis : since
désespérés : desperate

disparaissent : they disappear
drapeau français : French flag
durant : during
échappés : escaped
éclairaige public : public lighting (streetlights etc.)
éclaire, éclairent : light up
éclat du soleil couchant : the bright light of the
setting sun
écriture : writing
effondrements : collapses, caves in
éffrayé : frightened
en dessous : underneath
en état de choc : in a state of shock
en fait partie : is one of them
en vain : in vain
endroits : places
enfin : finally
ensuite : next, then
enterrrer : to bury
épidémies : epidemics, affecting a large number of
people
équipe de recherche : research team
espace : place, area, space
espère : hopes
espion : a spy
essaie de : tries to
essayé : tried
éteindre le feu : to put out the fire, to extinguish
éteint: extinguished
eventuellement : eventually
extrayait : extracted, removed
faible Lumiere: a weak light

faisceau de la torche électrique : beam of light from
the flashlight
famines : famines, time of hunger
feu: fire
flaque d'eau : puddle of water
fréquemment : frequently
gare : train station
glisser : to slide, to slip through
gouttes d'eau : drops of water
grâce à : thanks to
grippe : influenza
guerres : wars
habitants : inhabitants, those who live there
hausse les épaules : shrug his shoulders
haut : up high
illuminée : lit up, full of light
immobiles : immobile, motionless
incroyable : incredible
incrustés : embedded in
indice : a clue
indiquer : to indicate
infos : news
inhabituel : unusual
inondations : floodings
inquiète : worried
inslaubrité : unsanitary
interdire : to outlaw, prohibit
interdites : forbidden, prohibited
interminable : without an end
intrigant : intriguing
labyrinthe : labyrinth, maze
lâche : drops, lets go of

lampe de poche : flashlight
larmes : tears
libre : free
littéralement : literally
lorsque : when
lumière : the light
maladies : illnesses
mélangent : they mix, blend
même : same
milliers : thousands
morts : dead (plural)
mourir : to die
murs : the walls
n'en revient pas : can't get over it, can't believe it
ne peut plus se retenir : can't restrain herself any longer
néant : the nothingness
niveaux : levels
nuages de fumée : clouds of smoke
obscur : obscure, dark
occidentale : westward facing
œuvres d'art : works of art
ossements : bones
panneau, panneaux : a sign, the signs
parfois : sometimes
partie : a part or portion of
partout : everywhere
patrimoine français : French heritage
pause : break from working
peste noire : the black plague
peur : scared
pierre : stone

pleine de : full of
pompiers : firemen
portables : cellphones
portail : portal, large entry in a church
pourtant : however
pousse : pushes
pouter : a beam, exposed wood in a ceiling
prêcher : to preach
préoccupés : worried
prevue : proof
prochaines : next
profiter : to take advantage of
profonde : deep, far away
provoquer : to provoke
quartiers : neighborhoods
quelqu'un : someone
quelque chose : something
quelque part : somewhere
quelques minutes : a few minutes
récupérer : to get back, to return to rightful owner
réfléchit : reflects , thinks about
regard complice : a knowing glance
règne : reigns, is everywhere
rendez-vous : a date, a meeting
renseignement anonyme : an anonymous tip
résistance française : collection of French guerrilla movements that fought against the German occupation of France
regard : a look, a glance
respire : breathes
resplendissantes : shining, bright
restent tous cloués au sol : they were motionless,

unable to move

retient un cri : holds back a scream

roman : a novel

rosacea : rose or flower shaped

s'ajustent à l'obscurité : adjust to teh darkness

s'arrête net : suddenly stops

s'avère : proves to be

s'éloigner : to get away from

s'en vont : they leave

s'enfoncent : to sink in, go deeper into

sain et sauf : safe and sound

salle : a room

sauver : to save

scintille : to sparkle, shine

se coince : to get stuck

se déplace : moves around

se met à : starts to do something

se promener : to go for a walk

se rend compte : realizes

siècle : century

sol : floor, ground

sombre : somber, dark

sortie : the exit

soudain, soudainement : suddenly

soulagée : relieved

souterraine : underground

souvent : often

squelette : skeleton

stage : an internship, an apprenticeship

subventionnait : was paying for

suit : follows

surveiller : to monitor, to watch

tableaux dans les cadres dorés : paintings in gold frames
tache de lumière : speck of light
taille : size
terre : earth, dirt
tirer : to pull
tôt : early
torche : light, torch
tout à coup : all of a sudden
tout droit : straight ahead
traces de pieds : footprints
transmises : transferred
traversent : they cross
trébuchent : they trip, slip
troupe de personnes : group of people
trous : hole
velours : velvet
véritable : true, real
vers : towards
vert vif : bright green
vie nocturne : nightlife
visage : face
vitrail : a stained glass window
vitraux : stained glass windows
volées : stolen

À PROPOS DE L'AUTEUR

A. Briotet has extensive experience teaching French in high school. She has undergraduate degrees in French literature, English, and Spanish. She has graduate degrees from the Université de Montpellier and the Université de Perpignan, France, and is National Board Certified in French. Over the years she has found that students learn best through reading stories and storytelling. She speaks French at home with her husband, children, and corgi.

Made in the USA
Monee, IL
18 May 2021